AF562348

DOCUMENTS

RELATIFS A

NICOLAS POUSSIN.

Deux biographes, recommandables par leur sagacité, spéciaux d'ailleurs pour ce qui se rapporte à l'art de la peinture, Taillasson, dans ses *Observations sur quelques grands peintres*, et Lecarpentier, dans sa *Galerie des peintres célèbres*, sont d'accord sur ces deux points, que Nicolas Poussin naquit aux Andelys en 1594, et qu'il mourut à Rome en 1665. Taillasson ajoute que le Poussin mourut paralytique à l'âge de 71 ans; mais ni lui ni Lecarpentier ne déterminent des dates plus précises. Un troisième biographe, Landon, s'approchant davantage de la réalité, fait décéder le grand homme à l'age de 71 ans et 5 mois, le 19 novembre 1665 (V. *Galerie his-*

1858

torique des personnages les plus célèbres), et cette même date est spécifiée non seulement par la *Biographie universelle* (article signé *Gence*), mais aussi par M. Fr. Villot, dans le dernier Catalogue du Musée impérial, 3me partie.

Jusque là, rien de très formel à l'égard de la naissance du noble artiste. Félibien lui-même, l'écrivain le plus accrédité en ce qui concerne les anciens peintres, n'est pas suffisamment explicite. Suivant lui, le Poussin naquit au mois de juin 1594 (V. *Entretiens sur les vies et sur les ouvrages des plus excellents peintres anciens et modernes*, édition in-4o, 1696). Si Félibien, contemporain du peintre du *Déluge* et de l'*Arcadie*, aisément instruit par conséquent de l'époque de sa mort, se borne à indiquer le mois de sa naissance, et n'en dit pas le jour, c'est qu'il l'ignora ; et, en effet, il paraît bien que ce jour est demeuré inconnu ; quant à celui du décès, on vient de voir que Félibien, et d'après lui Landon et M. Villot, l'assignent au 19 novembre 1665. En cela ils sont dans le vrai. Je ne viens donc pas contredire leur assertion, mais bien plutôt la confirmer en l'appuyant d'un témoignage irrécusable. Ma certitude sur ce point résulte d'un acte authentique dont j'ai eu entre les mains une expédition légalisée à Rome. C'est là même, à Rome, que des circonstances favorables m'ont fait connaître ce curieux document, auquel le beau nom qui s'y trouve mentionné communique certainement de la valeur. La pièce en question n'est rien de moins que la reproduction littérale de l'acte mortuaire du Poussin. J'en donne ici la traduction, en faisant observer que les formules qui lui servent de début et de conclusion, sont imprimées en latin dans l'original, sauf les dates, et que le reste est écrit en italien :

« Je soussigné, curé de l'église paroissiale de » Saint-Laurent *in Lucina*, en ville de Rome, » certifie que dans le registre mortuaire, au bas » du folio 165, on lit ce qui suit, savoir :

» Ce jourd'hui 19 novembre 1665,

» Le sieur Nicolas, fils de Jean *Posino*, autre» ment dit Poussin, du diocèse d'Andely en » Normandie, mari de dame Anne-Marie d'Ughet, » romaine, est décédé à l'âge de 72 ans, dans la » circonscription de ladite paroisse, et dans la » maison qu'il habitait, sise rue Pauline, pré» sentement appelée *Babuina* : et ce, après avoir » reçu tous les Saints Sacrements, avec recom» mandation de son âme ; et il a été inhumé dans » la susdite église.

» En foi de quoi, j'atteste, etc.

» Donné à Rome ce jourd'hui 17 décembre de » l'année 1805.

Signé : « JOSEPH BREZZI,
« Curé de Saint-Laurent, *in Lucina*. »

Il ressort de ce document que l'âge de 72 ans est attribué au Poussin lors de son décès ; toutefois il faut remarquer qu'il ne s'agit là que d'une simple déclaration faite à l'église d'une manière approximative, comme cela se pratique assez ordinairement en pareil cas. La vérité est que le Poussin, né au mois de juin 1594, et décédé le 19 novembre 1665, devait être âgé de 71 ans et environ 5 mois.

Indépendamment de l'acte que je viens de relater, je possède une note détaillée, transmise également en 1805 par le même curé Brezzi ; elle est écrite en italien ; la voici traduite :

« Les renseignements suivants, recueillis au » sujet de Nicolas Poussin, natif de France, ont » été extraits des registres originaux de la pa» roisse de Saint-Laurent *in Lucina* :

» Au registre des mariages, folio 173, le » 9 août 1630,

» Nicolas, fils de Jean Poussin, français, do» micilié actuellement en la paroisse du Peuple, » a épousé Anne-Marie, fille de Jacques d'Ughet, » demoiselle romaine de cette paroisse de Saint-» Laurent *in Lucina*.

» Les registres de l'état de la population con» statent que la maison habitée par ledit Poussin, » dans la rue Pauline, maintenant nommée *Ba*» *buina*, est celle qui porte le n° 79 ; il y demeura

» depuis 1637 jusqu'en 1665, année de sa mort.

» Au registre des décès, 16 octobre 1664,

» Acte de décès de dame Anne-Marie, fille du
» sieur Jacques d'Ughet, romaine, âgée de 52 ans
» femme du sieur Nicolas Poussin. »

A la suite de ces notions positives vient une mention de l'acte mortuaire du Poussin, extrait inutile à produire ici, puisque l'acte lui-même a été offert ci-dessus *in extènso*; le tout porte la signature du curé Brezzi et le sceau curial.

Je conclus en rappelant incidemment, à propos d'Anne-Marie d'Ughet, qu'elle était native de Rome, mais d'origine française; qu'elle mourut onze mois avant son époux; qu'elle ne laissa point d'enfants; qu'elle était sœur de Gaspard d'Ughet, dit le Guaspre ou Guaspre Poussin, lequel fut le digne élève de son illustre beau-frère. Je crois devoir ajouter que le Poussin, qui d'abord avait fait un premier voyage en Toscane, se rendit à Rome en 1624, fut rappelé à Paris en 1640 par les ordres du roi, et retourna en 1642 à Rome qu'il ne quitta plus.

Il m'a semblé que ces détails devenaient intéressants puisqu'ils se relient d'une manière assez intime au souvenir d'un grand homme que se disputent l'Italie et la France. Tout ce qui contribue à jeter quelque lumière sur la vie des personnages célèbres, obtient aisément l'attention de la Société Philotechnique, et elle le prouve de jour en jour. J'ai conjecturé dès lors que les présentes notes, revêtues d'un caractère d'authenticité, ne sauraient être indifférentes à une Société qui chérit les beaux-arts aussi bien que les sciences et la littérature.

H. LEMONNIER.

DOCUMENTS

RELATIFS

A LAVATER.

A Zurich, où je séjournai pendant un mois, en 1825, j'occupais, chez d'honnêtes bourgeois de cette ville, une chambre où se trouvait appendu un portrait de Lavater, petite gravure teintée de bistre. Sous ce portrait, profil assez finement traité, il y avait ces mots allemands tracés à la plume.

Johann Kaspar Lavater, gebohren den 15 *december* 1741 ; en français : *Jean Gaspard Lavater, né le* 15 *décembre* 1741.

La femme de mon hôte, remarquant un jour mon attention à examiner ce portrait : « nous le tenons, me dit-elle, de Lavater lui-même ; il en fit présent à ma mère, et les mots que vous y voyez inscrits sont de la propre main du donateur. — Cela étant, lui répondis-je, cette gravure est d'un prix véritable pour votre famille. — Aussi ajouta-t-elle, la regardons-nous comme fort précieuse. »

A dater de là il ne fut plus question du portrait; mais quelle ne fut pas ma surprise lorsque cette excellente dame, qui durant mon séjour m'avait comblé de soins, me dit à l'heure du départ: » Vous avez jugé que cette petite gravure était de quelque valeur; eh bien! acceptez-la, veuillez l'emporter en mémoire de Zurich et de nous. » Émù de ce témoignage imprévu d'amitié, je voulus opposer à ma digne hôtesse une fin de non-recevoir, fondée sur ce que je ne pouvais consentir à la priver d'un objet devenu chez elle comme un monument de famille; ce fut en vain, et le mari et la fille s'étant réunis dans la plus aimable insistance, il fallut me rendre, sous peine de désobliger ces braves gens. Ce fut ainsi que je devins possesseur du portrait dont il s'agit, le quel me retrace plus d'un intéressant souvenir. Il devient en outre un document certain pour déterminer la date positive de la naissance de Lavater, date que donnent d'une manière incomplète ou inexacte les biographies que j'ai pu consulter à ce sujet. Incomplètes, les unes font naître le philosophe de Zurich en 1741, sans indication plus explicite, et d'autres assignent le mois de décembre, sans préciser le jour; inexacte, la *Biographie universelle* (article signé pourtant d'un nom suisse, *Usteri*) prétend que Lavater naquit le 15 novembre, et comme on vient de le voir, l'auteur de l'article se trompe d'un mois, ce qui n'est pas dénué d'importance pour les partisans de l'exactitude.

Quant à la mort du personnage qui nous occupe, il reste avéré qu'elle eut lieu le 2 janvier 1801, et la déplorable cause en est généralement sue, bien qu'elle ait été diversement expliquée. Sur ce point je suis redevable d'un second renseignement très digne de confiance au séjour que je fis à Zurich. Recommandé dans cette ville au docteur Ebel, j'eus l'avantage de connaître en lui un homme parfaitement instruit du fait en question et de ses véritables circonstances. Le docteur Ebel, auteur du *Manuel du voyageur en Suisse*, ouvrage fidèle et consciencieux, auquel son ancienneté n'a rien ôté de sa valeur eu égard à la partie descriptive, Ebel, dis-je, allemand de naissance, mais dès longtems fixé à Zurich, et presque témoin de la catastrophe dont Lavater fut victime, m'assura formellement que ce fut un soldat français qui se rendit lâchement coupable du meurtre; il m'en développa le triste détail que je résume ici en peu de mots.

Le 26 septembre 1799, dans la confusion qui suivit la bataille de Zurich, Lavater avait quitté sa demeure, afin de porter des secours à ses concitoyens blessés, il faisait honte à un soldat de sa brutalité envers eux, il venait même, a-t-on dit, de lui offrir de l'argent en vue de l'adoucir, lorsque ce misérable lui tira un coup de fusil presque à bout-portant. A peine ramené chez lui, l'infortuné exprima le désir que le coupable ne fût pas recherché. Horriblement mutilé, il soutint avec une résignation toute chrétienne les longues douleurs de sa blessure, bien longues en effet, puis qu'elles durèrent jusqu'au 2 janvier 1801, jour qui les vit finir par la mort.

M. Thiers, dans son *Histoire de la révolution française* (Livre XLIII), attribue l'attentat à un soldat suisse. Il serait à souhaiter qu'il en eût été ainsi pour l'honneur des armes françaises ; malheureusement, telle n'est pas la vérité, si l'on en croit un homme placé pour la bien savoir, et suffisamment désintéressé pour ne pas l'obscurcir. Ici, à vrai dire, il semble qu'on doive éprouver de l'indécision entre l'opinion produite par un écrivain dont le nom eut peu déclat, et celle qui émane d'un historien justement célèbre; la question toutefois ne dépend pas de l'autorité plus ou moins grande du narrateur; il s'agit d'un fait ; or, ce fait s'accomplit presque sous les yeux d'Ebel, tandis que M. Thiers le rapporte d'après le dire d'autrui, à longue distance de lieu et de temps. Que si l'on contestait l'impartialité de l'un en sa qualité d'allemand, la qualité de français ne donnerait-elle pas le droit de mettre en doute l'impartialité de l'autre? Dans la version adoptée par M. Thiers, ou il aura été induit en erreur, ou bien il aura trop écouté son patriotisme, rebelle à mettre une action si noire sur le compte d'un Français. Ceci est un nouvel exemple des difficultés que rencontre l'écrivain appelé à retracer les actes de l'histoire, difficultés qui attendent aussi, quoique dans une moindre mesure, le biographe, historien d'un seul homme.

Qu'une considération me soit permise en terminant? Souvent erronées quant aux faits, les biographies ne sont pas moins fautives à l'égard des dates. Cela provient soit des obstacles, parfois invincibles, qui s'opposent à la vérification, soit de la négligence qu'on apporte à vérifier. D'autre part, il arrive que, par incurie et sans se donner la peine de remonter aux sources, les biographes derniers venus ne font que reproduire ce qu'ont écrit leurs devanciers. Ainsi se propagent, s'accréditent les erreurs, et dispensées de contrôle, elles occupent définitivement la place de la vérité. Telle ne doit pas être, cependant, à beaucoup près, la biographie, diminutif de l'histoire, mais comme elle assujettie aux graves devoirs de la conscieuce littéraire.

H. LEMONNIER.

Paris. — Imp. Félix Malteste et Cie, rue des Deux-Portes-Saint-Sauveur, 22.

www.ingramcontent.com/pod-product-compliance
Lightning Source LLC
LaVergne TN
LVHW010335230826
846091LV00009B/3881
9782019285999